Leserabe

3. Lesestufe

Ursel Scheffler

Ätze das Fußballmonster

Mit Bildern von Erhard Dietl

Ravensburger Buchverlag

Bibliografische Information Der Deutschen Bibliothek:

Die Deutsche Bibliothek verzeichnet diese Publikation
in der Deutschen Nationalbibliografie.
Detaillierte bibliografische Daten sind im Internet
über **http://dnb.ddb.de** abrufbar.

Folgende „Ätze"-Titel sind im Leseraben erschienen:

Ätze, das Tintenmonster
Ätze, das Piratenmonster
Ätze, das Computermonster
Ätze, das Rucksackmonster
Ätze, das Gruselmonster
Ätze, das Rittermonster

1 2 3 08 07 06

Ravensburger Leserabe

Umschlagbild: Erhard Dietl
Umschlagkonzeption: Sabine Reddig
Redaktion: Sabine Schuler
Printed in Germany
ISBN-3-473-36177-1

www.ravensburger.de
www.leserabe.de

Inhalt

Hallo, du unerschrockener Sportsfreund,

ich bin Ätze, das größte, hässlichste, schrecklichste Monster auf der Welt.
Ich hasse Typen, die sich waschen und die denken, sie sind klüger als ich.
Ich ernähre mich von Tinte und bin ständig auf Ärgersuche.
Eigentlich hasse ich Fußball und meine Spinnenfeindin Igitte hasse ich auch. Sie ist immer an allem schuld, auch daran, dass ich mich auf dieses bescheuerte Fußballabenteuer eingelassen habe.
Wenn du Mut hast, dann lies es.
Wenn du feige bist, vergiss es …

Der Stinkstiefel

Konstantin Müller, genannt Mulle, kam vom Fußballtraining. Er pfiff vergnügt vor sich hin, denn er hatte die neuen Fußballschuhe ausprobiert und damit zwei Tore geschossen. Die alten Treter warf er in den Papierkorb. Weil die Stollen abgebrochen waren und weil sie nach Käsefüßen stanken.
„Mhm! Lecker! Das ist jetzt meiner!“, schnüffelte Ätze begeistert und kroch in Mulles Schuh.

Die Innensohle war durchgeschwitzt.
Herrlich weich und bröselig.
Ein fabelhaftes Monsternest!
Genau das Richtige für ein behagliches Monsterschläfchen.
Als Ätze nach 27 Stunden aus seinem Dauermüffelschlaf erwachte, hörte er vom Sportplatz her die lauten Stimmen der Junior-Kicker vom FC Bolzer 07.
Es war ein heißer Juninachmittag kurz vor den Sommerferien, und die Jungen und Mädchen trainierten für die Landesmeisterschaft.

Ätze hasste Fußballspiele. Da waren ihm zu viele Füße unterwegs, die einem kleinen Monster leicht gefährlich werden konnten.

Andererseits mochte er es zu gern, wenn die Kicker fluchten und stritten und dabei schlimme Worte brüllten, die man als Mensch eigentlich nie sagen darf.

Deshalb hopste Ätze neugierig zum Sportplatz hinüber und hörte ein bisschen zu.

„Ja, recht so!“, kicherte er. „Benehmt euch wie echte kleine Monster!“

Weil er Durst hatte, schnappte er sich eine eisgekühlte Tintenpatrone aus seinem Sommervorrat, den er in der Getränkebox neben der Mannschaftskabine versteckt hatte. Er gluckerte sie leer und schmatzte: „Ha! So lässt es sich aushalten!“
Ätze fühlte sich mal wieder kotzeklig wohl. Er war ausgeruht und satt.
Sein Fell schimmerte so hübsch blau wie der Körper einer Schmeißfliege.
Er geriet allmählich in allerbeste Schockerstimmung. Unternehmungslustig ließ er seine drei Beinchen vom Rand des Fußballschuhs baumeln. Aber er entdeckte weit und breit keinen, den er ärgern konnte. Da ärgerte er sich einfach selber. „Wo steckt bloß Igitte, diese achthaxige Spinne?“, knurrte er.
Sie war am Morgen wütend fortgerannt, als er ihr ein paar kernige Monsterworte

an den Kopf geworfen hatte. Ach, es war einfach zu schön, wenn sie in Wut geriet! Ätze grinste und blinzelte zufrieden in die Sonne.

„Komisch, sie ist doch sonst nicht so lange beleidigt, die alte Zitterwade!“, grübelte er. „Na, dann werd ich eben mal nach ihr suchen!“

Ein Job für Ätze?

Ätze lief in die Richtung, in der Igitte am Morgen verschwunden war. Und er musste auch nicht lange nach ihr suchen. Allerdings ploppten ihm fast die phosphorgrünen Glupschaugen aus dem Kopf, als er sah, was Igitte machte:
Sie tanzte!!! Zusammen mit fünf anderen Spinnen und einem Schwarm Mücken hopste sie auf einem der weißen Gartentische hinter dem Sportlerheim herum. Die Spinnen und Mücken hatten Balletttröckchen an, schwenkten seltsame Bänder und Büschel und riefen: „Bolzers vor! Noch ein Tor!“, und andere komische Sachen, die sich reimten.
„Die spinnt echt, die Spinne“, kicherte Ätze. „Tanzt Ballett!“
Am liebsten wäre er hingehopst. Aber das

hätte ja so ausgesehen, als wollte er sich mit ihr versöhnen. So blieb er auf seinem Beobachtungsposten und sah dem Spinnen-Mücken-Ballett neugierig zu.
„Puh! Ich kann nicht mehr!“, rief Igitte endlich mit einem spinnefeinen Seufzer. Sie warf sich flach auf die Tischplatte und streckte ihre acht Beine aus.
Ihre Freundinnen hatten ebenfalls genug. Die Mücken flogen davon und die anderen Spinnen verzogen sich erschöpft in ihre Netze.

„Na, du alte Hupfdohle – äh – Dupfhohle!", krächzte Ätze. „Banzt Talett! Ich schlach mich lapp!"
„Was redest du da für einen Quatsch?", fragte Igitte.
„Du verstehst wieder mal nichts von gar nichts!", sagte Ätze. „Du verstehst nicht einmal die Verdrehte-Wörter-Sprache!"
„Ich verstehe viele Sprachen", sagte Igitte. „Schließlich bin ich gebildet!"
„Ja, eingebildet!", kicherte Ätze. „Du bist eine scheingebildete Nepfe!"
„Eine waas?"
„Eine numme Duss!"
„Wie bitte?"
„Eine kumme Duh! Eine zöge Bliege!", krächzte Ätze.
„Was soll denn das nun schon wieder sein? Bestimmt eine Beleidigung!"
„Geeenau", sagte Ätze. „Jammerschade,

dass du die Verdrehte-Wörter-Sprache nicht verstehst!“

„Weil du so leise sprichst …“

„Dann noch mal laut: Ich hab gedacht, du bist wau und schleise, ein Ditzblenker und hast ein kuges Klöpfchen.“

„Kluges Köpfchen? Ja, das hab ich. Und jetzt hab ich auch die Verdrehte-Wörter-Sprache verstanden!“

„Na, dann will ich das mal mit einer leckeren kleinen Story testen“, kicherte Ätze. „Eine Lopfkaus, ein Wegenrurm und ein Kistmäfer stritten sich um einen Pasenopel, den sie in einer alten Tosenhasche gefunden hatten …“

„Hör auf mit deinen ekligen Geschichten! Ich verstehe die Verdrehte-Wörter-Sprache jetzt sehr wohl!“, sagte Igitte gekränkt. „Du – du alter Brotzkocken, du! Und dabei wollte ich dir einen Job anbieten.“

„Einen Job? Brauch keinen Job!“, krächzte Ätze.

„Ich hab auch einen Job. Soll ich dir verraten, was ich bin?“

„Interessiert mich einen Dreißscheck“, knurrte Ätze.

„Ich bin Cheerleader!“

„Ich hasse Lieder!“, krächzte Ätze.

Igitte kicherte. „Ah, sieh mal an, der Herr Oberschlau weiß nicht, was ein Cheerleader ist?“

„Ein Lierschieter? Wozu auch? Du wirst es mir ja sowieso gleich erklären.“

„Na gut. Wir sind so eine Art Jubelgruppe

und treten immer bei den Spielen unserer Mannschaft auf, um ihr Mut zu machen und sie anzufeuern."
„Anfeuern? Und da wedelt ihr mit Röckchen und diesen albernen bunten Büscheln?", schniefte Ätze.
„Das sieht doch hübsch aus!", rief Igitte gekränkt.
„Total beknackt", grummelte Ätze. „Ein Tanz von Spinnen und Mücken, äh, Minnen und Spücken!"
„Aaah, du hast uns also heimlich beoooobachtet?", sagte Igitte gedehnt.
„Das alberne Gehopse war ja nicht zu übersehen!", grunzte Ätze. „Und davon soll man ein Spiel gewinnen?"
„Ah, wir haben da so unsere Tricks!" Igitte lächelte verschmitzt. „Ein Mückenstich zur rechten Zeit und der Gegner kommt nicht weit."

„Ah, so ist das also!“, sagte Ätze. „Bestechung! Das kennt man ja!“

„Willst du nicht mitmachen?“, fragte Igitte. „Du bist doch so sportlich …“

„Im Bückenmalett? Ich glaube, du spinnst ehrlich!“, sagte Ätze, obwohl es ihn freute, dass sie ihn für sportlich hielt.

„Nein, etwas viel Tolleres, Ehrenvolleres: Sie brauchen dringend ein Maskottchen.“

„Maskottchen? Was ist denn das schon wieder?“

„Eine Art Glücksbringer, äh – natürlich Unglücksbringer“, verbesserte sich Igitte schnell, denn sie wusste, dass man Ätze nur für eine schädliche Sache gewinnen konnte.

„Ein Maskottchen muss immer bei den Spielen dabei sein und dafür sorgen, dass die gegnerische Mannschaft verliert“, erklärte Igitte.

„Heißt das Leute ärgern?"
„Aber hallo! Das ist der Hauptjob", versicherte Igitte. „Fürchterlich ärgern!"
„Maskottchen-Kasmottchen. Leute ärgern klingt nicht schlecht ..." Ätze runzelte die Stirn und überlegte. Eigentlich wollte er stinkfaul sein und nichts tun. Er war Zirkusmonster, Rittermonster, Piratenmonster, Weltraummonster und zuletzt Computermonster gewesen. Da hatte er sogar einen Kriminalfall gelöst. Jetzt wollte er eigentlich bloß faul sein, herumhängen, ab und zu Igitte ärgern und

Ferien machen. Wenn das Nichtstun nur nicht so langweilig wäre …
Er gähnte und sagte: „Na ja, ich kann es ja mal probieren."
So kam es, dass der Fußballverein Bolzer 07, der in letzter Zeit etwas Pech gehabt und fast alle Spiele verloren hatte, doppelte Unterstützung bekam: von einem spinnenbeinigen Fanclub und von einem Monster-Maskottchen.

Mulle Müller

Ätze erkannte Mulle Müller gleich am Geruch. Ja, das war der nette Stinker, dem er seinen Wohnschuh verdankte. Mulle war allein. Er hockte nach dem Training in einer Ecke der Umkleidekabine und las den „Kicker".

Die anderen waren beim Duschen. Mulle drückte sich immer davor. Er war der Meinung, dass vom Duschen die Haut dünn wird, und außerdem zog er sich nicht gern vor den anderen nackig aus.

„Der Typ ist dufte!“, schnüffelte Ätze. „Ein Traumstinker!“
Er hopste auf die Bank.
Als Mulle das kleine Monster entdeckte, wollte er mit dem Handtuch, mit dem er sich gerade den Schweiß von der Stirn gewischt hatte, nach ihm schlagen.
„Halt! Stopp! Du fieser Monstermörder!“, rief Ätze empört. „Ich bin doch euer Kasmottchen.“
„Ich glaub, mich tritt ein Fisch!“, rief Mulle überrascht und sah auf das kleine spinnenartige Wesen, das jetzt auf seinem schweißgetränkten Handtuch hockte und ihn aus giftgrünen Augen anfunkelte.
„Hast wohl noch nie ein echtes Monster gesehen, was? Ich bin Ätze, das Tintenmonster. Das größte, hässlichste, schrecklichste Monster auf der Welt. Und

weil du ein so netter Stinker bist, will ich für eine Weile dein Fußballmonster sein und dafür sorgen, dass sich deine Gegner tüchtig über dich ärgern …“

„Na, das hört sich ja gut an!“, sagte Mulle verblüfft. „Ein wenig Unterstützung kann ich gebrauchen. Vor allem seit sich der Antonio hier breit macht. Er glaubt, er ist der Star. Bloß weil er aus Brasilien kommt und am 23. Oktober Geburtstag hat, genau wie Pele.“

„Und wer ist Pele?“

„Na, das solltest du als Fußballmonster aber wissen“, grinste Mulle. „Das ist einer der größten Fußballer der Welt.“

„Größer als ich?“, fragte Ätze.

„Ein bisschen“, sagte Mulle und lachte.

Ätze auf Ärgersuche

Ätze gefiel es bei Mulle. Er musste sich nicht einmal ein Monsternest bauen, denn Mulle hatte schon eins: ein Terrarium, in dem eine uralte Schildkröte lebte.

„Na, du alter Panzerkacker! Was machst du den ganzen Tag?“, fragte Ätze.
„Ich lebe, ich denke, ich bin!“, sagte die Schildkröte.
„Und das ziemlich langsam. Bist ja nicht gerade ein Rennstein. Und groß bist du auch nicht. Ich hab in Florida Schildkröten gesehen, die waren so groß wie der Esstisch. Echt! Und sie schwammen im Meer. Ärgert dich das?“
„Ich ärgere mich nie“, sagte die Schildkröte und zog sich langsam in ihr Haus zurück.
„Da muss ich mir eben jemand anderen zum Ärgern suchen“, brummte Ätze gekränkt. Und dann machte er sich auf Ärgersuche.
Er kletterte auf Mulles Schreibtisch und fand Tintenpatronen. Er schlürfte eine leer. Und dann noch eine halbe.

Mit dem Rest machte er Kleckse auf Mulles Rechenheft und hopste in den Rechenkästchen herum. Das gab tolle Muster zwischen den Rechenaufgaben! Mulle tobte, als er die Bescherung entdeckte.

„Ich hab nur ein bisschen Kästchenhüpfen geübt. Sport ist gesund. Auch für ein Monster“, kicherte Ätze frech.
„Sport treibst du auf dem Sportplatz und nicht auf meinem Schreibtisch!“, sagte Mulle ärgerlich. „Jetzt muss ich die ganze Hausaufgabe noch mal machen.“

Ätze grinste. „Das meiste war sowieso falsch."
„Sag bloß, du kannst rechnen?", erkundigte sich Mulle verblüfft.
„Na klaro! Schließlich war ich lange genug Schulmonster!"
„Dann könntest du mir ja helfen?", fragte Mulle.
„Helfen? Ih, bäh, nö!", sagte Ätze und schüttelte sich. „Ein Monster wie ich schadet nur."
Mulle schaltete schnell.
„Ich meine, du könntest mir helfen, dem Antonio zu schaden", verbesserte er sich rasch.
„Das hört sich schon besser an. Und wie soll ich das machen?", erkundigte sich Ätze. „Soll ich ihn in den Popo beißen? Oder in die Wade?"
Mulle grinste.

„Nein, ich hab eine viel bessere Idee. Antonio ist der Beste in Mathe und er würde sich unheimlich ärgern, wenn ich besser wäre als er."
„Und was kann ich da machen?"
„Morgen ist Mathearbeit. Da bin ich immer ziemlich aufgeregt. Wenn du mitkämst und mir helfen würdest …"
„Da brauch ich aber Geheimtinte", forderte Ätze.
„Warum Geheimtinte?", wollte Mulle wissen.
„Weil ich ein Tintenmonster bin. Und wenn ich Geheimtinte trinke, die nach einiger Zeit unsichtbar wird, werde ich auch unsichtbar", erklärte Ätze.
„Dann kannst du mir bei der Mathearbeit helfen und es merkt keiner?"
„Geeenau", bestätigte Ätze. „Bist echt ein Blitzmerker!"

Vor dem Einschlafen erzählte Mulle noch mehr von seinen Schulsorgen.
„Ich geh nicht gern in die Schule. Ich mach fast nie Hausaufgaben! Ich geh lieber auf den Bolzplatz!“
„Kann ich verstehn“, knurrte Ätze. „Da ist es so schön dreckig.“
„Meine Eltern haben aber gesagt, dass sie mir das Fußballspielen verbieten, wenn ich die nächste Mathearbeit verpatze.“
„Deinen sauberen Eltern werden wir's schon zeigen“, kicherte Ätze.

Mathe und Fußballtraining

Ätze hopste in Mulles Schultasche. Die sah von innen so gemütlich aus wie ein Müllcontainer. Und sie roch kotzeklig gut! Ätze schnupperte an Mulles drei Tage altem Käsebrot und sagte: „Mhm, da riecht's nach Bräsekot mit Pimmelschilz!"
„Was hast du gesagt?", fragte Mulle.
„Das ist die Verdrehte-Wörter-Sprache. Kennste nicht, was?"
„Nö", sagte Mulle.

„Dann weißte auch nicht, was Bußfall in der Kleistermasse ist?“
„Keine Ahnung!“
„Und ein Riedsschichter mit Pußfilz?“
„Nö, nun sag schon“, brummte Mulle.
„Das musste selbst herausfinden“, kicherte Ätze.
Jetzt kam der Mathelehrer Klaus Wespe ins Klassenzimmer und teilte die Arbeitsbögen aus.
Ätze hockte – unsichtbar – neben Mulles Federmäppchen und schielte auf das Papier.
„Mann, das ist wirklich so leicht wie Fliegenkacke!“, zischte er. „Fang schon an, du alte Flasche! Wenn du etwas falsch machst, nehm ich den Tintenkiller und lösch es weg.“
Mulle löste eine Aufgabe nach der anderen. Es war beruhigend, zu wissen,

dass einer das Ergebnis kontrollierte. Ätze musste nur zwei- oder dreimal mit dem Tintenkiller eingreifen. Zwischendurch hopste er immer wieder auf Antonios Platz und spuckte ein paar Tintenkleckse auf dessen Arbeit. Als Antonio wegguckte, machte Ätze auf das Ergebnis der letzten und schwersten Aufgabe eine Tintenpfütze.

Ey, wie der Antonio sich ärgerte! Er verdächtigte lautstark seinen Nachbarn, und wenn Herr Wespe nicht eingegriffen hätte, hätte es eine handfeste Prügelei gegeben.

Ärger lag in der Luft. Ätze war zufrieden. Ja, so machte das Monsterleben Spaß! Als Herr Wespe zwei Tage später die Mathearbeiten zurückgab, sagte er: „Es gibt zwei dicke Überraschungen: Konstantin Müller hat diesmal die beste Arbeit geschrieben! Und unser Star Antonio war wohl mit den Gedanken etwas im Abseits – beim Fußballspiel!“

Nach der Eins in Mathe hatten Mulles Eltern nichts dagegen, dass er wieder jeden Nachmittag zum Fußballtraining ging.
Der Trainer hieß Willi Wupper.
„Diesmal müsst ihr alles geben, Jungs!“, verkündete der Trainer zwei Wochen vor dem Endspiel. „Es geht nicht nur um die Meisterschaft. Das Reisebüro ‚Sprinter-Tours‘ hat für die Siegermannschaft eine

Reise nach Mailand als Preis ausgesetzt.
Mit einer Trainingsstunde bei den Stars des AC Milano!“
Da waren alle begeistert.
Ohne Murren kamen sie fünfmal in der Woche zum Konditionstraining:
Zirkeltraining, Liegestütze, Dauerläufe.

Trainer Willi Wupper, der früher in der Bundesliga gespielt hatte, übte mit ihnen Dribbeln und Täuschen, Doppelpässe und Bananenflanken, Eckbälle und Elfmeterschießen.
Keiner motzte. Nicht mal Antonio.

Das große Spiel

Endlich war der große Tag da.
Der Wettkampf wurde im neuen
Stadion ausgetragen, in dem auch
die Bundesligaspiele stattfinden.
Es war besetzt bis auf den letzten Platz.
Das Endspiel war der Höhepunkt des
Sportfestes, zu dem alle schulfrei
bekommen hatten.
Ätze hatte sich den besten Platz in der
Mittelloge des Stadions ausgesucht.
Er saß auf dem gelben Sonnenhut der
Schuldirektorin. Da hatte er den besten
Überblick. Von da aus wollte er die
Gegner der Bolzers untergehen sehen!

Auf dem weißen Punkt in der Spielfeldmitte tanzten jetzt (von allen außer Ätze unbeachtet) Igitte und ihr Cheerleader-Ballett.
Die Zuschauer in den Rängen erhoben sich abwechselnd und formten La Ola.
Unter den Anfeuerungsrufen ihrer Fans liefen jetzt die Mannschaften ins Stadion ein.

Der Schiedsrichter legte den Ball auf dem weißen Mittelpunkt für den Anstoß bereit. Weil er dabei fast auf eine der Cheerleader-Spinnen getreten wäre, brachte es ihm von einer der Mücken einen herzhaften Biss in die Wade ein. Dann erfolgte der Anpfiff.

„Haut rein, Jungs!“, rief Antonio, der Mannschaftsführer der Bolzers.

Und dann formierten sie sich zum ersten Angriff auf das gegnerische Tor.
Aber die Mannschaft von Tiger 04 war abwehrstark. Rasch kam es zum Gegenangriff. Antonio rettete und kickte den Ball neben dem Tor ins Aus.
Schiedsrichter Pfeifle entschied auf Eckball. Und dann fiel das erste Tor.
1:0 für die Tiger!
Willi Wupper stand am Spielfeldrand und gab aufgeregt seine Anweisungen.
„Können Sie Ihren Hut nicht absetzen? Man sieht ja nichts!“, beschwerte sich jemand hinter der Schuldirektorin.
Die nahm ihren flotten Sonnenhut ab und legte ihn auf den Fußboden. Jetzt musste sich Ätze einen anderen Aussichtspunkt suchen. Die höchste Erhebung in nächster Nähe war ein kräftiger Mann mit Stirnglatze. An seinem gelb-schwarzen

Schal konnte man erkennen, dass er ein Anhänger der Tiger war.
Ätze kletterte an dem Schal hoch und setzte sich auf die Schulter des Mannes.
Der Pullover war grüngräulich ätzefarben.
Sehr praktisch. Es war die perfekte Tarnfarbe. So sah ihn niemand.
Endlich fiel das Ausgleichstor für die Bolzers durch Antonio. 1:1!

„Macht nichts. Die Tiger werden gewinnen!", sagte der Mann mit dem Tigerschal zu seinem Nachbarn und steckte einen Kaugummi in den Mund.
„Ich bin nicht so sicher. Die Bolzers spielen nicht schlecht", sagte sein Nachbar.
„Ich habe vorgesorgt!", raunte ihm der Tigerschal-Mann hinter vorgehaltener Hand ins Ohr. „Die Tiger werden nämlich für meine Schuhe werben: Sieger mit Tiger! Trag auch du Tiger-Schuh! Hähä! Und sie werden mit meinem Reisebüro Tiger-Tours die Reise nach Milano machen!"
„Wieso bist du da so sicher?"
„Joe Pfeifle ist ein guter Kumpel von mir!", sagte der Mann mit dem Tigerschal und zwinkerte seinem Nachbarn listig zu. „Der ist mir noch einen Gefallen schuldig.

Außerdem hab ich ihm eine Ferienreise nach Afrika versprochen."

„Und was ist mit Willi Wupper? Der war doch mal dein Schulfreund?"

„Eher Schulfeind!", sagte der Mann mit dem Tigerschal finster. „Schließlich hat er mir damals die Freundin ausgespannt!"

Und dann fügte er mit einem fiesen Grinsen hinzu: „Der soll sich grün und blau ärgern, wenn seine Mannschaft verliert!"

Ätze greift an

Ätze hatte genug gehört. „Wenn hier einer jemanden ärgert, dann bin ich das“, knurrte er empört.
Es war Zeit, zum Angriff überzugehen und endlich den Tigern zu schaden. Flink hopste Ätze die breite Treppe zum Spielfeldrand hinunter.
Dort traf er Igitte und ihre Cheerleader gerade in dem Augenblick, in dem Joe Pfeifle ein umstrittenes Abseits für die Tiger pfiff.

Nach dem Freistoß fiel das 2:1 für die Tiger.
„Schiebung!“, riefen empörte Bolzer-Fans aus der Westkurve.
„Seid ihr einsatzbereit?“, erkundigte sich Ätze bei Igitte.
„Wir haben schon alles vorbereitet. Die Sicherheitsnetze sind gespannt“, sagte Igitte.
„Wir wollten unsere Stichwaffen allerdings erst ganz zum Schluss einsetzen “, sagte Tssseleste, die Anführerin des Mückenballetts. „Als Überraschungsangriff.“
„Nun, dann könntet ihr doch inzwischen schon mal auf der Tribüne einen kleinen Bestechungsangriff auf den Mann mit dem Tigerschal fliegen!“, knurrte Ätze. „Der will nämlich Willi Wupper ärgern und die Tiger gewinnen lassen.“
Er erzählte, was er belauscht hatte.

„Na, den Betrügern werden wir's aber zeigen“, rief Tssseleste empört. „Klar zum Angriff, Mädels?“

„Sssssonnenklar!“, summte die Mückenmannschaft und flog hinter Tssseleste her zur Tribüne.

Unnötig zu sagen, dass der Mann mit dem Tigerschal keine große Freude mehr am Spiel hatte. Und sein Ruf nach Mückenspray verhallte ungehört. Denn jetzt erfolgte der Ausgleichstreffer für die Bolzers: 2:2!

Die Bolzer-Fans brüllten und jubelten: „Bolzers vor, noch ein Tor!“
Schiedsrichter Pfeifle, der ja schon mehrfach zum Vorteil der Tiger gepfiffen hatte, kratzte sich am Kopf. Es juckte ihn nicht nur an der Wade, an den Ohren und im Nacken, sondern auch auf der Nasenspitze.
„Diese verdammten Mücken!“, rief Pfeifle wütend und versuchte die lästigen Insekten mit heftigen Wedelbewegungen zu verjagen.

In diesem Augenblick fiel das 3:2 für die Bolzers!
Der Schiedsrichter ließ das Spiel unterbrechen und holte sich Mückensalbe beim Rettungssanitäter.
Der Linienrichter steckte ihm einen Zettel zu, den er von dem Mann mit dem Tigerschal erhalten hatte. Auf dem stand: „Vergiss unsere Abmachung nicht, Joe!“
Joe Pfeifle fluchte. Dann ließ er weiterspielen. Er zeigte Antonio die gelbe Karte, weil er angeblich einen der Tiger gefoult hatte.
„Das ist nicht fair!“, beschwerte sich Antonio wütend. „Ich habe nur den Ball gespielt!“
Antonio kam bei dem Spiel auch weiterhin nicht richtig zum Zuge, weil ihn die Tiger als gefährlich eingestuft hatten und immer mit zwei Mann deckten.

Auf einmal bekam Antonio einen heftigen Tritt ans Schienbein.
„Foul!“, beschwerte er sich.
„Noch ein Wort und es gibt die rote Karte, wegen Schiedsrichter-Beleidigung!“, fauchte Joe Pfeifle.
Die Bolzer spielten immer besser.
Aber dann gelang den Tigern der Anschlusstreffer: 3:3!

Schiedsrichter Pfeifle sah erleichtert zur Tribüne hinauf, wo die große Stadionuhr war und wo der Mann mit dem Tigerschal saß.
Noch zehn Minuten zu spielen. Der Siegestreffer für die Tiger müsste mit ein bisschen Nachhilfe zu schaffen sein …

Der Fußballkrimi

Und dann ging alles ganz schnell. Das Spiel wurde so spannend wie ein Krimi. Einer der Tiger ließ sich beim Kampf um den Ball in den Strafraum fallen und provozierte so einen Elfmeter.
„Schiebung!“, riefen die Bolzer-Fans empört.
Aber Schiedsrichter Pfeifle beharrte auf einem Elfmeter. Darauf hatten Igitte und ihre Freundinnen nur gewartet.
Die Spinnen hatten in der rechten und

linken oberen Torecke der Bolzers inzwischen längst ein feines Spinnennetz aus unzerreißbarem Garn gesponnen, von dem der Torwart der Bolzers nichts ahnte. Er konzentrierte sich auf den Strafstoß. Genau wie das Publikum. Die Abwehrmauer der Bolzers stand. Die Tiger schickten ihren besten Elfmeterschützen vor. Der täuschte rechts an und zielte dann passgenau in die linke obere Ecke. Während der Torwart der Bolzers in die rechte Ecke hechtete, flog der Ball unhaltbar in die linke.
„Toooor“, grölten die Tiger-Fans.
Aber da prallte der Ball wie von Geisterhand gelenkt von der Torlatte ab.
„Hab ich Gurken auf den Augen, oder was? Der Ball war doch im Kasten!“, sagte der Mann mit dem Tigerschal empört zu seinem Kumpel.

Schiedsrichter Pfeifle putzte verwirrt seine Brille. Er sprach mit den Linienrichtern. Aber die versicherten ihm leider, dass der Ball die Torlinie nicht überquert hatte.
Joe Pfeifle sah auf die Uhr. Es waren nur noch fünf Minuten zu spielen. Außerdem wollte er zwei oder drei Minuten nachspielen lassen. Da ließ sich sicher noch das eine oder andere drehen.
Aber da hatte er die Rechnung ohne das Maskottchen der Bolzers gemacht.

Ätze lauerte tatendurstig am Tor der Tiger auf seine entscheidende Chance. Er hatte schließlich Mulle versprochen, den Tigern zu schaden, und war wild entschlossen, es zu tun. Der nächste Ball, der auf das Tigertor flog, musste ein Treffer für die Bolzer werden!
Ätze lauerte auf der Querlatte auf den nächsten Angriff von Mulles Mannschaft. Antonio war durch die doppelte Manndeckung so gut wie kaltgestellt. Aber da bot sich eine Chance für Mulle.
„Mulle, alte Flasche! Lauf los! Das Runde ist der Ball!“, krächzte Ätze aufgeregt.
„Schnapp ihn dir, alte Kriechschnecke!“
Fast schien es, als hätte Mulle Ätzes Anfeuerungen vernommen. Jedenfalls ging er aus einem heftigen Zweikampf mit einem Tiger-Verteidiger als Sieger hervor. Er sicherte sich den Ball und stürmte auf

das Tiger-Tor zu. Ein Abwehrspieler packte ihn am Trikot. (Das war unzulässiges Tackling. Aber Pfeifle pfiff nicht!) Das gab dem Torwart Zeit, sich auf den Ball einzustellen. Mit weit ausgebreiteten Armen stand er fangbereit im Tornetz. Mulles Ball flog direkt auf ihn zu.

„Mist!“, murmelte Mulle enttäuscht.

Die Torchance war verschossen!

Aber dann kam alles ganz anders:

Der Tiger-Torwart stieß plötzlich einen spitzen Schrei aus, ließ den Ball fallen und sprang zur Seite. Das Leder rollte ungehindert über die Torlinie.

„Tooooor!", brüllten die Bolzer-Fans außer sich vor Freude.
„Bolzers vor! Noch ein Tooooor!", erklang es aus allen Ecken, und Igitte und ihre Cheerleader-Truppe tanzten dazu.
Keiner konnte sich die panische Reaktion des Torwarts erklären. Er hatte den Ball praktisch ins eigene Tor fallen lassen!

„Eine Tarantel, ein Monster!“, rief er kreidebleich. Und dann fiel er in Ohnmacht. Sanitäter liefen mit einer Trage auf den Platz, um ihn zu holen. Schiedsrichter Pfeifle ließ den Ersatztorwart einwechseln und noch ein paar Minuten nachspielen. Aber das änderte nichts am Endresultat: 4:3 für die Bolzers! Die Bolzers fielen ihrem erfolgreichen Torschützen um den Hals. „Mulle, das war einsame Spitze!“, sagte Trainer Willi Wupper, und dann trugen sie Mulle auf den Schultern hinaus.

Seife und Siegesfeier

Der Torwart der Tiger kochte vor Wut über seinen idiotischen Fehler. Dass er von einem ekligen, spinnenartigen Monster mit giftgrünen Augen geschockt worden war, das plötzlich vor seinen Augen baumelte, glaubte ihm natürlich kein Mensch.

Ätze war überglücklich. Jaha! Er war das größte, hässlichste, schrecklichste Monster auf der Welt. Das hatte er mal wieder erfolgreich unter Beweis gestellt!

„Ab in die Dusche!“, rief Trainer Willi Wupper seiner siegreichen Mannschaft zu. „Dort liegen saubere Trikots. Zieht euch um für die Siegerehrung! Und anschließend wird gefeiert!“

„Geh bloß nicht zum Duschen!“, rief Ätze seinem Freund Mulle zu und schüttelte sich vor Abscheu. „Jetzt wo du so schön stinkst!“

„Ich fürchte, ich muss mit“, seufzte Mulle. „So verdreckt und verschwitzt kann ich nicht zur Siegerehrung!“

„Du musst dich entscheiden zwischen Seife, Siegerehrung – und mir“, sagte Ätze.

Mulle entschied sich für Seife und Siegerehrung.

Als Mulle im schneeweißen Trikot aus der Umkleidekabine kam, rief Ätze empört: „Igittigittigitt! Pfuispinne! Du undankbarer Duftstinker!“

Aber Mulle hörte es gar nicht, weil die anderen im Chor „So ein Tag, so wunderschön wie heute …“ grölten.
Ätzes gute Laune war verflogen.
Er schleuderte Blicke wie grüne Giftpfeile auf Mulle, den Seifenstinker.

„Hast du mich gerufen?“, erkundigte sich ein spinnefeines Stimmchen hinter Ätze.
„Würde mir im Alptraum nicht einfallen!“, fauchte Ätze.
„Du warst ein tolles Maskottchen!“, schwärmte Igitte.
„Wirklich?“, sagte Ätze und sah sie argwöhnisch an.
„Wirklich“, versicherte Igitte. „Übrigens, ich wüsste da einen tollen neuen Job für dich!“
„Von deinen beknackten Jobs hab ich vorerst die Schnauze voll!“, knurrte Ätze.

„Und von Riedsschichtern, Bußfällen, Minnen und Spücken. Ich mache jetzt eine Riffsscheise nach Tüdsirol und suche mir ein stilles Monsternest in einer einsamen Hergbütte zwischen Kafen und Schühen, Muhkist und Kafsschäse.“

Dann reckte er die Nase in die Luft und spazierte davon.

Gleich hinter dem Stadion bog er um die Ecke, wo schon das nächste Monsterabenteuer auf ihn wartete.

Leserätsel

mit dem Leseraben

Super, du hast das ganze Buch geschafft! Hast du die Geschichte ganz genau gelesen? Der Leserabe hat sich ein paar spannende Rätsel für echte Lese-Detektive ausgedacht. Mal sehen, ob du die Fragen beantworten kannst. Wenn nicht, lies einfach noch mal auf den Seiten nach. Wenn du die richtigen Antwortbuchstaben in die Kästchen auf Seite 59 eingesetzt hast, bekommst du das Lösungswort.

Fragen zur Geschichte

1. Wohin hat sich Ätze zu einem Dauermüffelschlaf zurückgezogen? (Seite 5/6)

K: Er schläft in einer alten Kiste.

E: Er hat sich in Mulles altem Fußballschuh verkrochen.

2. Welchen Job haben Igitte und ihre Freundinnen übernommen? (Seite 14/15)

N: Sie treten bei den Fußballspielen als Cheerleader auf.

A: Sie haben eine eigene Damenfußballmannschaft gegründet.

3. Ätze macht sich auf Ärgersuche. Was stellt er an? (Seite 24)

U: Er spuckt Tinte in Mulles Terrarium.

S: Er macht Kleckse in Mulles Rechenheft und hopst in den Rechenkästchen herum.

4. Wie greifen Igitte und ihre Cheerleader in das Spiel ein? (Seite 41–43)

O: Sie führen im Strafraum einen wilden Tanz auf.

I: Die Spinnen haben Sicherheitsnetze vor dem Tor gespannt und die Mücken stechen Schiedsrichter Pfeifle.

5. Warum lässt der Torwart der Tiger den Ball plötzlich ins eigene Tor fallen? (Seite 52–54)

L: Er ist total geschockt: Ein ekliges, spinnenartiges Monster baumelt vor seinen Augen.

M: Er hat Igitte in ihrem Balletttröckchen gesehen.

Lösungswort:

1 E	2 N	D	3 S	P	4 I	E	5 L

Rabenpost

Super, alles richtig gemacht! Jetzt wird es Zeit für die RABENPOST.
Schicke dem LESERABEN einfach eine Karte mit dem richtigen Lösungswort. Oder schreib eine E-Mail.
Wir verlosen jeden Monat 10 Buchpakete unter den Einsendern!

An den LESERABEN
RABENPOST
Postfach 20 07
88190 Ravensburg
Deutschland

leserabe@ravensburger.de
Besuche mich doch auf meiner Webseite:
www.leserabe.de

Mehr über Ätze und Ursel Scheffler erfährst du auf folgender Webseite: **www.scheffler-web.de**.
Die Abenteuer von Ätze – mit monsterstarkem Ätze-Song – kannst du auf MC und CD hören, erschienen bei JUMBO.